AF370938

PREMIER APERÇU

DE L'AFFAIRE

POUR M. ROBILLARD PERONVILLE,

CONTRE M. CROZE-MAGNAN.

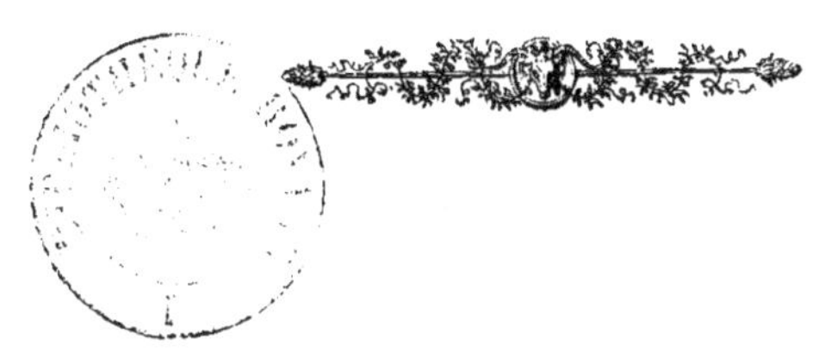

PARIS,

DE L'IMPRIMERIE DE L. É. HERHAN.

Janvier 1807.

PREMIER APERÇU

DE L'AFFAIRE

POUR M. ROBILLARD PERONVILLE,

CONTRE M. CROZE - MAGNAN.

Je suis éditeur avec M. Laurent, graveur, suivant l'acte social passé entre nous, le 18 ventôse an 10, par-devant de La Cour, notaire à Paris, de l'ouvrage intitulé Musée français.

Il a pour objet de reproduire, par la gravure, les chefs-d'œuvre des arts rassemblés dans le magnifique dépôt du même nom.

L'idée première de cette entreprise appartient à M. Laurent.

Long-temps elle a été stérile, et on a pu croire qu'elle ne seroit qu'un beau rêve qui ne devoit point se réaliser.

Le mérite de cet artiste n'est pas pourtant d'avoir conçu la pensée d'élever un si précieux monument, mais plutôt d'en avoir commencé l'exécution avec un vrai talent et un plus grand courage; d'y avoir persévéré malgré des obstacles qui renaissoient sans cesse et paroissoient insurmontables; de n'avoir jamais désespéré de l'avenir; d'avoir enfin déployé, dans la poursuite de son entreprise, cette constance qui, lorsqu'elle est appliquée aux grandes choses, est toujours digne d'éloges et parvient souvent à arracher les succès.

Avant M. Laurent, on avoit fait, ou l'on faisoit, les galeries de Florence et du palais d'Orléans. La conception de M. Laurent est plus hardie et plus vaste, parceque nos victoires, en enrichissant notre Musée des plus rares productions du génie de la peinture et de la sculpture, ont prodigieusement agrandi la tâche qu'il s'étoit imposée. Sa conception n'est pas différente, en dernière analise, de celles qui l'ont précédée; ce n'est point une création proprement dite : au fond, c'est une idée si simple et si naturelle, que même, abstraction faite des entreprises du même genre qui pouvoient la faire naître et lui servir de modèle, il est vrai de dire qu'une telle idée est à la portée de tous et dans le domaine commun, et qu'on ne peut se l'approprier véritablement que par l'exécution.

Mais il faut bien se garder de croire que, dans des entreprises de la nature de celle dont il est question, exécuter, ce soit faire matériellement l'ouvrage de telle ou telle des parties qui le constituent. Exécuter ici, dans un sens digne de la chose, c'est former l'ensemble de l'opération; c'est y faire concourir toutes les forces nécessaires; c'est proportionner les moyens au but; c'est vaincre les difficultés qui résultent de la masse de l'entreprise, des frais énormes qu'entraîne le besoin de disposer d'un grand nombre d'habiles artistes, dont la réunion doit coopérer à la perfection du tout.

Il ne suffit pas non plus de verser des fonds; il faut en diriger l'emploi avec sagesse; il faut se défendre également d'une prodigalité ruineuse au milieu même des succès, et d'une parcimonie qui tend à les compromettre.

Les difficultés résultent encore de la lenteur et de l'incertitude des rentrées, perspective si propre à effaroucher les spéculateurs, sur-tout lorsqu'on considère que malgré les mesures les mieux combinées, les chances défavorables sont infiniment nombreuses quand on n'intéresse le public que par les jouissances de l'esprit, à quoi il faut ajouter les évènements de force majeure, écueil si redoutable pour ces sortes d'entreprises.

Aussi est-il peu de capitalistes qui veuillent hasarder leur fortune sur une mer signalée par tant de naufrages.

Si quelqu'un pouvoit se dissimuler ces vérités, l'historique même de l'entreprise dont il s'agit, et les antécédents de mon association avec M. Laurent, suffisent pour l'en convaincre.

L'entreprise de M. Laurent tire son origine de la permission qui lui fut accordée, au mois d'août 1791 et en mai 1792, de faire graver les tableaux et dessins du cabinet du roi. Tel fut son plan primitif.

Cette autorisation lui fut confirmée par un arrêté du comité d'Instruction publique, du 16 prairial an 3; le comité souscrivit en même temps pour cent exemplaires au nom du gouvernement.

Une première société avoit été contractée entre M. Laurent et MM. Cavaignac et Patris; elle ne produisit point les résultats désirés : elle dut se dissoudre.

Une seconde association, avec MM. Joli et Beaurepaire, eut le même sort, malgré la faveur dont le comité d'instruction publique venoit d'entourer l'entreprise, et quoique une souscription pour cent exemplaires accordée de prime abord dût beaucoup faciliter les moyens d'exécution.

Alors M. Laurent imagina, en vendémiaire an 9, un projet

d'association dont le plan fut déposé chez M. de Faucompré,
notaire. Il invitoit des actionnaires à se réunir au nombre de
cinquante. Le prix des actions devoit être de cinq mille francs,
qui ne devoient même être versés qu'à fur et à mesure, et dont
il étoit établi que trois cinquièmes ne seroient peut-être pas
demandés. Le public ne répondit point à cet appel. L'association ne put se former.

Depuis, une quatrième tentative de M. Laurent n'a pas été
plus heureuse. Il fit un traité devant notaire avec le libraire
G. Dufour. Mais celui-ci reconnut bientôt toute la pesanteur
du fardeau dont il s'étoit chargé. Il crut prudent d'y renoncer
en se résignant à des sacrifices.

Je voyois souvent M. Laurent. Il m'entretenoit de ses projets
et des contrariétés successives qu'il avoit éprouvées. Il me pres-
soit de le seconder. Je balançai long-temps, je consultai mes
forces. Enfin je me déterminai, en ventôse an 10, à former avec
M. Laurent l'association dont j'ai parlé en commençant.

Dans de telles circonstances, il m'est peut-être permis de le
dire sans être taxé de trop de présomption, je crois m'être associé à la gloire de l'entreprise, et avoir acquis des droits à la reconnoissance de ceux qui cultivent les arts ou qui les aiment.
Sans doute une entreprise qui pendant tant d'années n'avoit pu
tenter les capitalistes, ou avoit effrayé tous ceux qui avoient
osé l'aborder, n'offroit rien moins que des bénéfices certains
ou faciles; et il y eut apparemment quelque chose de noble et de
libéral dans ma détermination.

Mon association avec M. Laurent fut d'ailleurs établie sur
les bases les plus équitables. Cet artiste avoit rassemblé des

premiers matériaux. Il étoit propriétaire de dessins et de cuivres déjà confectionnés. Il en portoit la valeur à cinquante mille livres. J'ai autant d'estime pour son caractère personnel que pour son talent. Je ne fis pas la moindre objection. Je ne demandai point d'expertise. Je ne me fis pas même représenter les objets. Je m'en rapportai entièrement à lui et à l'état qu'il me remit. Il fut donc stipulé entre nous que je fournirois cinquante mille écus (j'ai depuis porté cet engagement à plus du double), et en conséquence il fut dit que M. Laurent auroit un quart d'intérêt dans l'entreprise, et moi les trois autres quarts, dans la proportion de nos mises respectives.

Il fut en outre convenu que M. Laurent recevroit une indemnité annuelle, à raison des soins et des travaux dont il se chargeoit.

Nous pensâmes que l'ouvrage entier pouvoit se composer de quatre séries. Chaque série est de quatre-vingts livraisons; chaque livraison contient quatre gravures : ce qui donne pour la totalité de l'ouvrage douze cent quatre-vingts gravures destinées à reproduire autant d'originaux.

Cette entreprise est immense. Par une défiance de mes moyens, et, ce qui prouve bien que j'étois plus convaincu de la beauté du projet que des succès pécuniaires qu'on devoit en attendre, je n'ai voulu m'associer que pour la première série, c'est-à-dire pour quatre-vingts livraisons seulement.

A dater de l'époque de mon association avec M. Laurent, l'ouvrage a pris son essor. Il a déjà paru quarante-cinq livraisons de la première série, ou plus de moitié de la partie pour laquelle je me suis associé. Elles ont obtenu les suffrages du public, et rien n'a été épargné pour qu'elles en fussent dignes.

Tels sont mes titres à la propriété, conjointement avec M. Laurent, et suivant nos conventions, de l'ouvrage *Le Musée français*.

Si je dois retirer un jour quelques avantages de l'avance de mes capitaux et de l'activité de mes soins, ce qui est encore un problème à résoudre (car on sent bien que dans des ouvrages d'un si grand luxe, dont le prix ne peut pas être au niveau de toutes les fortunes, il y a loin des succès de l'ouvrage même au succès des entrepreneurs sous le rapport pécuniare), personne assurément ne peut m'envier ces avantages *. Personne ne peut me contester la plénitude des droits inhérents à la propriété. M. Laurent, avec qui seul j'ai contracté, ne sauroit avoir cette pensée, lui qui est appelé à partager les bénéfices, lui dont j'ai réalisé le projet le plus cher, lorsque la possibilité de l'exécution se déroboit obstinément à ses efforts.

Ceci bien entendu, j'arrive à M. Croze-Magnan, devenu mon adversaire par la plus inconcevable des prétentions.

M. Magnan prétend s'attribuer, comme une propriété exclusive et indépendante de la volonté des entrepreneurs, le droit de rédiger la partie littéraire de l'ouvrage.

---

* On a beaucoup parlé, à la première audience du 13 de ce mois de janvier 1807, des bénéfices déjà existants dans l'entreprise, et on a complaisamment annoncé que, d'après un bilan de la fin de juin 1806, il y avoit un produit fort au-dessus de la dépense. Il eût été bon d'observer que ce bénéfice n'est encore qu'un espoir, et un espoir peut-être fort incertain, car il doit se composer des livraisons de l'ouvrage conservées en dépôt, et qui attendent des souscripteurs ou des acheteurs. Le fait vrai, c'est que dans le moment présent il faut que MM. Robillard Peronville et Laurent retirent près de cinq cent mille francs pour les couvrir de leurs avances et pour toucher le premier écu de bénéfice.

Fort de notre bienveillance première, et par cela seul qu'il nous a plu de le choisir pour composer les notices des trente-huit premières livraisons, il soutient que notre volonté a cessé d'être libre, et que nous ne pouvons plus confier l'ouvrage à d'autres plumes.

Il m'intente sur ce fondement un des procès les plus étranges dont les annales des tribunaux puissent conserver le souvenir.

Quels sont ses titres ?

Ai-je contracté avec lui quelques engagements de la nature de ceux qu'il réclame ?

Non : loin de là, j'ai positivement refusé de le faire.

Nulle convention, nul traité n'enchaîne notre volonté mutuelle.

Je suis simplement tombé d'accord de payer à M. Magnan les livraisons que je lui demanderois, et qu'il m'auroit fournies. Rien autre chose ne fut promis; et cette chose promise a été religieusement observée.

Que dit donc M. Magnan, en l'absence d'aucun titre contre moi ? Il dit que ma société avec M. Laurent ne tend qu'à publier l'ouvrage de lui, M. Magnan, qui pourtant n'est pour rien dans notre contrat, et dont le nom même n'est pas écrit.

Il dit qu'il est le propriétaire de la partie littéraire et descriptive du Musée français ; que je suis l'éditeur forcé de ses œuvres; que je dois imprimer ses pensées et non celles de tout autre ; que cet engagement solennel, je l'ai pris à la face du monde littéraire, et que tous les amateurs des beaux-arts m'en demanderont compte.

Il dit que si j'ai mis à contribution les talents des plus fameux artistes de l'Europe, cette pompe des arts, ces magnifiques gravures, ce luxe typographique n'ont d'autre objet que de servir de cortège et d'un digne accompagnement à sa prose.

Dans tout ceci on ne voit pas, ce me semble, le germe d'un droit ni la base raisonnable d'une action. Il y a de l'aveuglement, et voilà tout.

On conçoit bien d'abord que, dans un ouvrage de la nature de celui du Musée Napoléon, la partie littéraire n'est qu'accessoire ; qu'elle ne jouit pas de la prééminence qui lui est acquise dans l'ordre et la classification des travaux de l'esprit humain, lorsqu'elle paroît dans tout son éclat et qu'elle exerce son empire sous la plume d'un grand écrivain.

Il y a loin encore de quelques notices ou même de discours et de dissertations isolées, quelque bien faites qu'on les suppose, à un corps d'ouvrage ; et comparées à ces productions du génie qui commandent l'admiration, la distance est immense. *

Ensuite, qu'il est facile d'enlever à M. Magnan ces qualifications imaginaires d'associé dans l'ouvrage, de propriétaire de l'ouvrage !

Je vais, par ses dires mêmes et par ses aveux, établir deux points principaux sur lesquels je fais reposer tout le système de l'affaire : l'un que M. Magnan n'est pour rien dans la pensée de l'ouvrage ; l'autre, qu'il n'existe aucun pacte, aucun arrange-

---

* M. Croze-Magnan se dit homme de lettres : je ne cherche point à lui ravir ce titre ; je dois remarquer seulement qu'il est aisé de le prendre et de s'entourer de la faveur et du grand intérêt qu'il inspire ; et que si les hommes de lettres ont le droit de traiter ceux qui n'ont pas l'honneur de l'être avec ce ton de hauteur et de mépris qu'il prend avec moi à chaque ligne de son mémoire, attendu que *je ne suis qu'un capitaliste*, il seroit à propos de déterminer au juste quels sont les écrivains qui méritent véritablement le nom d'homme de lettres.

ment, ni écrit, ni verbal, entre lui et les éditeurs , qui placent ceux-ci dans l'obligation de le conserver, ou même de lui accorder des indemnités.

Voilà ce que dit M. Magnan dès les premières lignes de son mémoire pour s'emparer de l'entreprise : « Entraîné par un penchant irrésistible, dès ma jeunesse, vers la culture des arts, « *j'avois conçu de bonne heure le plan du grand ouvrage à* « *la composition duquel je me livre exclusivement depuis* « *quelques années.* »

Ceci est positif. Les faits vont caractériser ce langage, et le nom qu'on doit lui assigner.

L'autorisation accordée à M. Laurent date de 1791 et 1792.

Il donna, dès les années suivantes, un commencement d'exécution à son entreprise. Il contracta à cet effet une société avec MM. Cavaignac et Patris. *Le rédacteur du texte de l'ouvrage est nommé ; et ce n'est point M. Croze-Magnan.*

Déjà, comme on voit, la pensée de l'ouvrage s'étoit formée sans lui; et sans lui on cherchoit, par l'exécution, à lui donner toute sa réalité.

Dans son récit, il ne reporte lui-même le commencement de ses relations avec M. Laurent et sa coopération quelconque à l'entreprise qu'à l'époque de l'association avec MM. Joli et Beaurepaire.

Ainsi, d'après sa propre version, M. Magnan n'entra pour rien ni dans les éléments, ni dans la composition de la première société.

Voyons quel rôle depuis il y a joué, et s'il a été considéré ou comme un des créateurs, ou comme un coopérateur nécessaire, dont la participation devînt inséparable de l'entreprise à laquelle il s'agissoit d'imprimer le mouvement.

Après la dissolution de la société avec MM. Joli et Beaurepaire, M. Laurent imagine de proposer une association d'actionnaires. Il en dépose le plan chez le notaire de Faucompré.

M. Magnan y intervint-il? Non.

Y est-il nommé ou indiqué? Non.

M. Laurent est désigné comme l'inventeur et le propriétaire unique de toute l'entreprise. Il se réserve les fonctions de directeur général, et une portion d'intérêt qu'il spécifie.

Et voici même une circonstance très remarquable ; c'est qu'il est dit que les actionnaires éliront deux administrateurs-gérents, et que ceux-ci seront chargés, entre autres attributions, de choisir le rédacteur de la partie littéraire. *Mais de M. Croze-Magnan, pas un mot.*

Et cependant s'il avoit quelques droits dans l'entreprise, ou même seulement si sa coopération y devoit être considérée comme d'un grand intérêt, comme un des présages de succès, ne devoit-il pas être mis en évidence, et jamais occasion avoit-elle été plus belle?

Lorsqu'on présente un plan, on ne trouve pas de contradicteur ; on ne reçoit pas la loi, on la fait, ou du moins on commence par la proposer.

Quelle monstrueuse ingratitude de M. Laurent de n'avoir assuré aucune participation dans l'affaire à l'homme de lettres qui en avoit conçu la pensée, ou qui en étoit une des colonnes? Quel admirable désintéressement de M. Croze-Magnan, de permettre qu'on dispose ainsi *de sa chose* sans faire aucunes réserves dans son intérêt, sans même faire mention de lui?

Et cependant il n'ignoroit pas, il ne pouvoit pas ignorer

comment ce plan étoit conçu, car il nous l'apprend lui-même en ces termes : « Je publiai un *prospectus raisonné,* dans « lequel je développois tout le plan de *notre* ouvrage. » *Notre* ouvrage, quelle modestie !

Et s'il s'agissoit de l'ouvrage de M. Magnan, pourquoi, dans le plan d'association très étendu auquel ce même prospectus est joint, avec lequel il est imprimé, n'est-il nullement question lui-même, de M. Croze-Magnan?

Pourquoi au moins n'en est-il pas question dans le prospectus lui-même rédigé par M. Magnan? *

Ce projet d'association est un monument irrécusable de l'absence de tout intérêt, de tout droit, de toute participation dans l'entreprise : il dit assez éloquemment sans doute que M. Magnan ne pouvoit y prendre que la part qu'il convenoit aux propriétaires de lui accorder.

Poursuivons. M. Laurent s'associe avec le libraire Dufour : M. Croze-Magnan s'en explique de la manière suivante; car, comme je l'ai dit, je veux le juger par sa propre bouche : « Un « traité fut passé entre eux (M. Laurent et M. Dufour) chez « M. Péan de Saint - Gilles. *Je ne voulus pas courir de* « *chances.* Des conventions particulières furent faites avec « moi. Laurent les signa. Mais le sieur *Dufour refusa d'y sous-* « *crire.* »

M. Croze - Magnan dit *qu'il ne vouloit pas courir de chances.*

---

* Ce prospectus *raisonné*, qui contient cinq pages d'impression en gros caractère, commence par ces mots : « L'emphase et l'exagération sont ordinairement le caractère « distinctif des prospectus qu'on émet dans le public ; on ne trouvera dans celui-ci ni « le même ton ni le même défaut. » Cette éloquence d'un tour neuf ne produisit point d'effet, les actionnaires ne se présentèrent pas.

Mais s'il avoit le moindre droit de propriété dans l'entreprise, ou si sa coopération devoit être aussi essentiellement utile qu'il s'en flatte, son intention de ne point courir de chances n'empêchoit pas de souscrire avec lui des conventions quelconques.

Dans le premier cas, il le falloit pour disposer *de sa chose ;* autrement il n'auroit pas souffert qu'on s'en emparât.

Dans le second, il le falloit encore; et il falloit que la convention fût l'acte de tous les sociétaires, pour assurer à M. Magnan, sans contradiction inquiétante, le fruit de travaux indispensables à la prospérité de l'ouvrage. *

Vient ensuite l'association de M. Laurent avec moi. Voici comme en parle M. Croze-Magnan :

« De cette époque datent mes rapports avec le sieur Robillard
« Peronville. Il étoit venu me voir avant la signature du traité,
« pour m'instruire de l'association projetée entre le sieur Lau-
« rent et lui, et me demander à quelle condition je livrerois
« mon ouvrage comme texte devant former la partie littéraire
« du Musée français. Je répondis que, malgré que je crusse
« avoir des droits à un intérêt dans les bénéfices de la société,
« je voulois bien rester étranger à l'acte qui la constitueroit ;
« mais que mon ouvrage étant arrêté quant au plan, et déjà
« exécuté à quelques égards, j'avois à cœur de voir cette exécu-
« tion pleine et parfaite. » Puis il ajoute : « Voilà donc le sieur
« Robillard Peronville appelé, admis à concourir, avec Laurent

---

* La position de M. Croze-Magnan, qu'on n'a voulu jusqu'ici laisser figurer dans aucuns des traités relatifs au Musée, est bien humiliante pour l'amour-propre; elle est bien inexplicable, lorsqu'on la compare avec ses prétentions.

« et moi, à la publication de *notre* travail. Mais on daignera
« observer qu'en s'associant ainsi à l'artiste, et en acquérant le
« droit de recueillir le fruit des méditations de l'écrivain, le
« capitaliste trouvoit *une affaire* (c'est M. Croze-Magnan qui
« souligne ce mot) déjà toute préparée. »

Dans ce récit entortillé, et d'une jactance qu'on peut maintenant apprécier, où M. Croze-Magnan répète à chaque page de son mémoire, Laurent et moi, moi et Laurent, il est pourtant obligé de convenir qu'il est demeuré étranger à l'acte d'association.

D'après ce qu'on a vu précédemment cela paroîtra tout simple; et quoique, à entendre M. Croze-Magnan, ce soit toujours lui qui ait refusé de se montrer dans les traités d'association qui se sont succédés ou ont été proposés, on conçoit parfaitement ce que cela signifie, et il n'est plus besoin de dire qu'on ne l'admettoit pas aux traités divers, parcequ'il n'étoit pour rien dans l'invention du plan, et que son concours pour l'exécution n'étoit pas cru nécessaire.

La vérité, à mon égard, est que mon association avec M. Laurent fut établie sans qu'il m'ait été parlé de M. Magnan, sans que je l'aie vu, sans que rien me l'ait annoncé comme ayant le moindre point de contact avec l'ouvrage.

La vérité est encore que notre société une fois convenue, nous nous occupâmes des moyens d'exécution, et que M. Laurent m'indiqua M. Croze-Magnan comme l'homme propre à remplir nos vues dans la rédaction du texte; qu'alors je vis M. Magnan, et qu'en définitif nous convînmes de lui donner cinq cents francs par livraison, après avoir reconnu que nous pourrions en faire paroître une tous les mois.

Tel est l'historique de mes rapports avec M. Magnan.

Telle est l'*unique condition* de notre marché avec mon adversaire, qui n'a à nous opposer ni fait, ni circonstance, ni aucune raison qui nous oblige envers lui d'une autre manière.

N'est-il pas clair, d'après cela, que nous ne sommes pas plus engagés à conserver M. Croze-Magnan comme rédacteur, que lui-même à ne pas nous abandonner?

Nous sommes restés, lui et nous, dans les termes d'une parfaite indépendance à cet égard.

Il ne nous a donné aucune garantie de sa constance, comme nous n'avons voulu lui en donner aucune de la nôtre.

M. Croze-Magnan a très bien compris quelle étoit notre position respective; car il m'a pressé plusieurs fois de la changer. Il m'a même apporté des conventions toutes dressées. J'ai refusé d'en signer aucune.

Il articule, parceque cela est fort aisé à dire, que je lui ai promis verbalement qu'il composeroit la partie littéraire du Musée français. Je démens formellement cette assertion.

Eh! quel motif eût pu m'empêcher de souscrire cet engagement, et de me rendre aux instances de M. Croze-Magnan, s'il avoit été en effet dans ma pensée de m'imposer une semblable obligation, et de l'associer en quelque sorte, sous le rapport de ses travaux, à notre grande entreprise?

M. Croze-Magnan, pour soutenir son rêve de propriété, et pour remplacer d'une manière quelconque le titre qui lui manque, veut se faire un moyen de ce que le prospectus annonce que *la partie littéraire sera composée par M. Croze-Magnan, avantageusement connu par plusieurs ouvrages sur les beaux-arts, et particulièrement sur la peinture*, et de ce que le frontispice de l'ouvrage a porté son nom pendant qu'il y travailloit.

Nous avons donné aussi une liste fort étendue des graveurs qui devoient travailler pour notre collection.

Nous avons annoncé que M. Herhan étoit chargé de l'exécution typographique.

Nous avons annoncé M. Vibert comme devant fournir les caractères pour l'impression.

S'ensuit-il que la volonté de ces artistes et celle des entrepreneurs soit irrévocablement liée par une telle annonce, de telle sorte que nous soyons tenus de les employer exclusivement, et que des déterminations ultérieures de part ou d'autre n'y puissent apporter aucun changement ?

Nous annoncions que le texte du Musée français étoit de M. Croze-Magnan lorsque cela étoit vrai.

Nous ne laissons point ignorer aujourd'hui que MM. Visconti et Émeric-David sont les rédacteurs. *

Cette confidence au public nous paroît convenable, parcequ'il doit savoir avec quels auteurs il converse.

---

* Si nous eûmes d'abord la pensée de taire ce changement, ce fut par un sentiment de délicatesse qui se présente naturellement, et que conçoivent les hommes honnêtes. M. Croze-Magnan ne peut tirer aucun avantage de ce procédé, et assurément il a mauvaise grace de l'interpréter comme il le fait, et de venir dire sur-tout que notre silence sur ce changement étoit de notre part une spéculation pour conserver le plus long-temps possible, dans l'esprit des souscripteurs, l'idée que la rédaction des notices étoit toujours son ouvrage. Nous pourrions dire que nous n'avons jamais pensé que le nom de M. Magnan fût nécessaire au succès de l'entreprise; mais nous nous contenterons de remarquer qu'aussitôt qu'il nous fut connu que M. Magnan répondoit par des actes judiciaires à nos attentions pour lui, nous ne mîmes plus ni retard ni réserves à apprendre au public les noms des nouveaux rédacteurs.

Mais de cette communication il ne peut en résulter aucun droit pour l'individu nommé; comme il n'y en auroit pas pour le public d'exiger la conservation des rédacteurs qu'on lui a indiqués, parceque nul engagement ne fut contracté avec lui à cet égard, et que les éditeurs et propriétaires, pour l'intérêt même de l'ouvrage, doivent demeurer maîtres du plan et de l'administration entière de l'entreprise.

M. Croze-Magnan assure que je n'ai point de motifs raisonnables pour le remplacer. Il m'accuse de caprice.

Je ne viens point devant les tribunaux pour discuter ou contester son mérite littéraire. Quoi que j'aie fait, je dois être présumé n'avoir agi que dans l'intérêt de mon entreprise, qui sans doute est l'objet de ma sollicitude, et dont le succès m'importe plus qu'à qui que ce soit. La seule question est donc de savoir si j'ai usé de mes droits légitimes en ma qualité de propriétaire.

Or il est constant qu'un propriétaire a dans sa chose tous les droits inhérents à la propriété dont il ne s'est pas dessaisi.

Il n'est pas moins constant qu'un entrepreneur, et l'éditeur inventeur propriétaire d'un ouvrage littéraire, puisqu'il s'agit de cela dans l'espèce, et que nous réunissons tous ces titres, peut le faire rédiger comme et par qui bon lui semble, et changer de rédacteur s'il lui plaît, à moins qu'il n'y ait de sa part des engagements positifs au contraire.

Je n'ai point contracté de tels engagements avec M. Croze-Magnan; je n'en ai même contracté aucuns : je me suis donc réservé la faculté de prendre, quand cela me conviendroit, d'autres rédacteurs pour l'ouvrage dont je suis l'entrepreneur et le propriétaire exclusif avec M. Laurent.

(19)

Je crois, par le peu de mots que je viens de dire, avoir prouvé jusqu'au dernier degré d'évidence ce que je désirois que l'on sût bien.

Premièrement, que M. Croze-Magnan n'a aucune part dans la création de l'entreprise.

En second lieu, qu'aucunes conventions ne me lient avec lui.

J'ajoute que je ne lui fais éprouver aucune sorte de préjudice.

D'abord, rigoureusement parlant, on ne peut faire tort à quelqu'un qu'en lui refusant ce qui lui est dû, ou en retenant ce qui est à lui. Je suis déjà parfaitement justifié sous ce rapport.

Mais je veux examiner la chose sous des points de vue plus délicats.

Sans doute il peut paroître fâcheux à M. Croze-Magnan de cesser de rédiger le texte du Musée ; mais la question, on le sent bien, ne peut pas non plus s'élever en des termes aussi simples, pour en faire résulter des obligations à ma charge.

Il pourroit, par exemple, être question de savoir si, comme il le dit, ma conduite porte atteinte à sa réputation, ou si les soins qu'il a donnés au Musée lui deviennent onéreux à cause de leur interruption.

M. Croze-Magnan fait beaucoup valoir les matériaux qu'il a rassemblés pour la confection du travail dont je l'avois chargé.

Il faut éviter ici de donner dans un cercle vicieux. Si M. Croze-Magnan s'est livré à l'étude des arts, s'il a acquis des connoissances en cette partie, ce n'est pas précisément pour seconder notre entreprise qu'il a dû le faire, puisque c'est au contraire parcequ'il se présentoit comme pourvu de ces connoissances que nous avons jugé convenable de lui confier nos travaux.

L'avocat, le médecin, l'architecte, tous ceux qui se livrent à de longues études dans les sciences et dans les arts , ont aussi sans doute amassé des matériaux ; mais cet avantage , qui leur est plus ou moins commun à tous , laisse cependant la faculté à celui qui a besoin de les employer, de déterminer ses préférences suivant ses goûts , par un choix libre, et de les varier ou de les changer à sa volonté.

D'ailleurs on a déjà donné une indemnité à M. Croze-Magnan sur ses matériaux. Voici à cet égard un fait qui doit trouver place ici. Dans la première année de mon association avec M. Laurent, il fallut préparer les nombreux moyens d'exécution avant de s'y livrer. M. Magnan nous demanda alors une indemnité pour les soins qu'il avoit pris pendant ce temps en ce qui concernoit son travail. Nous lui fîmes observer que le payer sous ce rapport seroit un double emploi , puisque les matériaux qu'il disoit avoir réunis étoient destinés à trouver leur place dans les livraisons, et qu'alors il en recevroit le prix. Il insista : nous consentîmes à lui donner mille écus ; et, pour motiver ce paiement, il nous signa une reconnoissance par laquelle il étoit dit qu'en équivalent de cette somme, tous ses manuscrits relatifs au Musée , qui se trouveroient chez lui en cas de décès, nous appartiendroient.

En outre, il a été payé pour trente-huit livraisons , à raison de cinq cents francs chacune ; la somme qui en résulte, réunie à la précédente, forme un total de vingt-deux mille francs qu'il a reçus de l'entreprise.

On le demande à tout homme de bonne foi versé dans ces matières, jamais les notices et discours de M. Magnan, réunis en corps d'ouvrage, eussent-ils pu lui être d'un produit aussi considérable que l'a été la portion de matériaux qu'il nous a livrée?

Et s'il lui en reste, il peut en disposer et en faire l'usage qui lui conviendra le mieux, sans que nous ayons le droit de gêner cette disposition.

Quant à la réputation de M. Magnan, loin que nous lui ayons porté atteinte, nous lui avons fourni l'occasion la plus brillante comme la plus fructueuse de mettre son talent en évidence. Ses œuvres existent; elles ont été imprimées d'une manière bien propre à leur donner de l'éclat et à flatter un auteur. Pour apprécier le mérite de M. Magnan, et assigner sa place parmi les écrivains, ce sont elles que l'on consultera, et non les arrangements que les éditeurs du Musée ont jugé à propos de prendre en remettant la confection du texte à d'autres rédacteurs.

L'honneur enfin que peut lui mériter son travail lui demeure tout entier : nous n'avons pas la volonté, et nous n'aurions pas le pouvoir de le lui enlever.

Ce n'est point cette propriété inaliénable de sa nature que je prétends m'attribuer. Je dis moi, car M. Laurent, comme graveur, a aussi à ce titre une part personnelle de gloire dans le Musée, indépendante de celle que je partage avec lui comme éditeur.

C'est ici le lieu de faire une distinction importante, de donner à chacun ce qui lui appartient, et d'établir en quoi consiste la gloire des éditeurs dans une entreprise telle que celle du Musée.

Certes, la célébrité, la réputation due aux artistes qui ont fourni et qui fournissent au Musée les dessins et les gravures, ou qui coopèrent d'une manière quelconque à la perfection de l'ensemble, est à eux et à eux seuls, outre le prix que les entrepreneurs ont mis à leurs travaux.

Le reste je le revendique pour M. Laurent et pour moi.

C'est aux éditeurs qu'appartient *la gloire de l'entreprise*, parceque c'est par leurs soins, par leurs efforts, par leur discernement dans le choix des artistes, et par un noble usage de leur fortune, que se réunissent les éléments dont elle se compose.

C'est sous ce rapport qu'on ne doit qu'aux éditeurs ce beau monument.

Et c'est parcequ'il en est ainsi que les éditeurs seuls ont dû présenter l'ouvrage à Sa Majesté, qui avoit daigné en agréer la dédicace. *

On ne peut se défendre de sourire de pitié en entendant M. Croze-Magnan s'écrier : « Il est financier, il est capitaliste, le « sieur Robillard Peronville; mais est-il artiste? hélas! non. Est-« il un savant? hélas! bien moins encore. Est-il du moins un « littérateur? point du tout. »

Que ces *hélas* sont ingénieux!

Comme si d'abord je devois compte à M. Magnan de ce que je sais ou de ce que je ne sais point; et comme s'il falloit être précisément *artiste, savant ou littérateur de profession* pour se livrer à une entreprise honorable pour les arts et pour les lettres, et pour celui qui se charge de l'exécuter.

---

* M. Croze-Magnan se plaint de n'avoir point été admis à l'honneur de cette présentation; mais considérés comme coopérateurs plus essentiels, d'après la nature de l'ouvrage, tous les artistes qui ont travaillé pour le Musée auroient eu plus de droits que M. Magnan d'être admis à participer à la faveur de la présentation, s'il n'étoit pas évident que dans la circonstance cet avantage devoit appartenir aux seuls propriétaires.

Assurément s'il en étoit ainsi, il seroit à craindre que des entreprises pareilles à celles du Musée français fussent plus rares encore qu'elles ne sont, ou même n'eussent jamais lieu, au grand détriment des arts et des artistes.

M. Magnan parle avec beaucoup de dédain des capitalistes qui s'associent à des entreprises qui ont pour objet d'élever aux arts des monuments durables.

Il affecte de répéter continuellement que le Musée ne pouvoit s'exécuter sans l'artiste et l'homme de lettres, tandis que cette exécution pouvoit se réaliser sans tel capitaliste.

Mais s'il pouvoit s'exécuter sans tel capitaliste, il le pouvoit de même sans tel homme de lettres.

Il y a seulement cette différence que, par la nature des choses en France, et par le triste exemple qu'a donné l'entreprise du Musée français, le capitaliste est beaucoup plus difficile à rencontrer que les artistes ou les hommes de lettres.

Certes, à aucune époque et dans aucun temps, M. Laurent n'eût manqué d'artistes et d'hommes de lettres, s'il eût eu des fonds pour mettre un juste prix à leurs travaux; mais il lui a fallu quinze années pour rencontrer un capitaliste.

Ces réflexions m'échappent par un sentiment de justice envers moi-même et envers tous les capitalistes, qui, voulant donner une noble destination à leurs fonds, seroient tentés de les faire servir à la prospérité des arts et à la gloire de leur pays.

Je m'arrête : je n'ai voulu offrir au tribunal et au public que de premières explications : mes défenseurs y donneront, la loi

et mes conventions à la main, tous les développements conve-
nables. Je leur remets ma cause, et je livre mes droits,
sans réserves, au sage discernement et à l'impartialité de mes
Juges.

Signé, ROBILLARD PERONVILLE.

Mr PÉRIGNON, avocat.

Mr TRIPIER, avoué.